CB143452

Viva Melhor

MEDITAÇÃO

Bill Anderton

Viva Melhor
MEDITAÇÃO
Exercícios e inspirações para o seu bem-estar

PUBLIFOLHA

Título do original: *Live Better – Meditation*
Copyright © 2002 Duncan Baird Publishers
Copyright do texto © 2002 Duncan Baird Publishers
Copyright © 2009 Publifolha – Divisão de Publicações da Empresa Folha da Manhã S.A.

Esta obra foi publicada originalmente no Reino Unido e na Irlanda, em 2003, pela Duncan Baird Publishers, Castle House, Wells Street, 75-76, 6º andar, Londres W1T 3QH

Todos os direitos reservados. Nenhuma parte desta obra pode ser reproduzida, arquivada ou transmitida, de nenhuma forma ou por nenhum meio, sem a permissão expressa e por escrito da Publifolha – Divisão de Publicações da Empresa Folha da Manhã S.A.

Proibida a comercialização fora do território brasileiro.

COORDENAÇÃO DO PROJETO: PUBLIFOLHA
Coordenação editorial: Camila Saraiva
Assistência editorial: Adriane Piscitelli
Coordenação de produção gráfica: Soraia Pauli Scarpa
Assistência de produção gráfica: Mariana Metidieri

EDIÇÃO ORIGINAL:
Gerente editorial: Judy Barratt
Editoras: Loxley e Louise Nixon
Editora de arte: Manisha Patel
Projeto gráfico: Claire Th[illegible]
Pesquisa iconográfica: Cee Weston-Baker

PRODUÇÃO EDITORIAL: ESTÚDIO SABIÁ
Edição: Fernando Wizart
Tradução: Dafne Melo
Preparação: Rosane Albert
Revisão: Hebe Ester Lucas e Célia Regina Rodrigues de Lima
Capa: til
Editoração eletrônica: Pólen Editorial

NOTA DOS EDITORES
Antes de seguir qualquer conselho ou prática sugeridos neste livro, recomenda-se que você consulte um médico, especialmente se tiver algum problema de saúde ou [illegible] a editora, o autor e os fotógrafos não podem ser responsabilizados por nenhum dano ou ferimento sofridos como resultado da prática dos exercícios deste livro ou pelo uso de qualquer método terapêutico descrito ou mencionado aqui.

Dados Internacionais de Catalogação na Publicação (CIP)
(Câmara Brasileira do Livro, SP, Brasil)

Anderton, Bill
Meditação : exercícios e inspirações para o seu bem-estar / Bill Anderton ; [tradução Dafne Melo]. – São Paulo : Publifolha, 2009. – (Viva melhor)

Título original: Live better : meditation
ISBN 978-85-7402-998-6

1. Meditação I. Título. II. Série.

08-11713 CDD-158.12

Índices para catálogo sistemático:
1. Meditação : Aperfeiçoamento pessoal : Psicologia aplicada 158.12

A grafia deste livro segue as regras do **Novo Acordo Ortográfico da Língua Portuguesa**.

PUBLIFOLHA
Divisão de Publicações do Grupo Folha
Al. Barão de Limeira, 401, 6º andar
CEP 01202-900, São Paulo, SP
Tel.: (11) 3224-2186/2187/2197
www.publifolha.com.br

Este livro foi impresso em dezembro de 2008 pela gráfica Corprint sobre papel offset 120 g/m²

sumário

INTRODUÇÃO

Se você sempre quis saber como aprender a meditar, mas nunca teve ocasião de experimentar, este é o livro. E, se tem dúvidas sobre a possibilidade de aprender a meditar sozinho, ou mesmo sobre a eficácia da meditação, é bom esclarecer esses pontos logo de início.

A meditação é uma prática pessoal que pode ser aprendida com um professor ou sozinho e com a ajuda de um livro como este. Alguns de seus benefícios aparecerão quase de imediato – você se sentirá mais calmo e centrado. Outros – como o sentimento de conexão profunda com o eu interior, de harmonia com o mundo ao redor e de maior aproveitamento dos sentidos – ficarão evidentes apenas com o passar do tempo.

Meditar é uma aventura na qual surgem contratempos ou ocorrem momentos de progresso lento. Procure não desanimar.

Lembre-se: se quiser meditar, vale a pena perseverar diante das dificuldades. Entretanto, se em qualquer etapa dessa aventura você se sentir insatisfeito ou achar que a meditação não o beneficia de maneira nenhuma, não hesite em parar. A meditação não deve ser uma fonte de desconforto ou tédio nem apresentar resultados que não sejam positivos.

Antes de embarcar nessa jornada, é importante se preparar corretamente. Este livro apresenta todas as informações para iniciar essa caminhada. Primeiro, é necessário desfazer-se de diversos mitos sobre a meditação, como as afirmações de que ela "faz perder o controle da mente" (não são verdadeiras, pois ela ajuda a tomar as rédeas da própria mente), ou de que "é uma desculpa para não fazer nada" (pelo contrário, a tranquilidade que ela traz mantém a energia mental ativa durante os trabalhos mais árduos). Inspirando-nos na tradição do antigo Oriente, aprendemos a realizar a meditação em sintonia com a vida atual. Com essa prática, você fará uma exploração estimulante do eu interior. Boa sorte na caminhada! Que ela lhe traga sabedoria!

Capítulo 1

corpo e mente

Para que o ser humano seja saudável e desenvolva seus potenciais, é necessário atingir o equilíbrio entre corpo e mente. Se suprimos as necessidades externas sem dedicar tempo ao "eu", ignorando a voz interior que nos pede para diminuir o ritmo ou parar, mais cedo ou mais tarde nossa saúde dá sinais de esgotamento. No mínimo, a capacidade de resistir ao estresse e à pressão enfraquece. A meditação é uma forma efetiva de obter a certeza de que uma parte muito importante do ser não está sendo negligenciada: o estado da mente e a relação dela com o corpo.

Para atingir esse objetivo, não há necessidade de gastar horas em rigorosa contemplação. Poucos minutos todos os dias podem ser o suficiente.

Gradualmente, começamos a compreender a relação corpo-mente e a descobrir uma nova dimensão na vida. Durante o aprendizado, é até mesmo possível, no momento devido, que nos aproximemos da fonte de rejuvenescimento e cura existente no fundo do nosso ser. O mais importante não é o volume de tempo dedicado à meditação, mas o desenvolvimento da compreensão durante esse período.

Neste capítulo, serão dados os primeiros passos para a assimilação de algumas tradições meditativas, bem como para o aprendizado do que é a meditação e de qual é sua importância para as pessoas; também serão abordadas técnicas de respiração e posturas, para que embarquemos nesta jornada de forma segura e confiante.

CONEXÕES CORPO-MENTE

Longe de serem isolados, o corpo e a mente trabalham juntos em uma relação mutuamente dependente, cada um fornecendo suporte ao outro. Ter uma vida harmoniosa e equilibrada só é possível quando ambos estão bem cuidados. A maneira como pensamos e sentimos em relação a nós próprios tem influência direta em nosso corpo, e vice-versa: um corpo saudável ajuda a manter a mente igualmente saudável. Por exemplo, quando um atleta atinge o máximo de sua capacidade física, seu desempenho pode ser ainda mais potencializado se as boas condições mentais necessárias também estiverem presentes.

Reformulemos a ideia a partir de um ponto de vista menos positivo – se você acreditar que é incapaz de alcançar algo, esse pensamento terá forte influência negativa na busca do objetivo. As imagens pessimistas que fazemos de nós mesmos nos impedem de atingir nosso verdadeiro potencial. Quando conseguimos reconhecer essa relação estreita entre corpo e mente, a vida muda qualitativamente. No decorrer do processo de descobrimento e autointerpretação, a meditação pode ajudar a compreender não só a interconexão entre corpo e mente como motivações e pensamentos inconscientes. As imagens que se formam na mente durante a meditação são como sonhos: nascem no consciente, mas correspondem a energias inconscientes (ver pp. 44-5). Elas podem ser interpretadas (como os sonhos), pois possuem significados simbólicos, logo, não devem ser tomadas ao pé da letra.

Diferentemente dos sonhos, entretanto, na meditação é possível explorar essas imagens, permitindo que elas se transformem e cresçam na mente (ver exercício, p. 49). Assim, essa prática começa a configurar-se como um processo criativo em que o ser permite que símbolos e imagens aflorem do inconsciente e se tornem conscientes, revelando, assim, seus verdadeiros significados.

Quando se medita, tudo se torna imbuído de significado: "coincidências" passam a ter um propósito, como se tivessem ocorrido por razões pessoais. Por exemplo, encontros ocasionais podem estar mais intimamente ligados ao inconsciente do que se pensa. Assim, durante a meditação, analise e observe cuidadosamente não apenas o que ocorre em seu íntimo, mas o que acontece com você.

O QUE É MEDITAÇÃO?

Em termos simples, pode-se dizer que meditação é a criação de um estado de relaxamento consciente do corpo e da mente. Em geral, experimentamos relaxamento e consciência em momentos distintos e separados, não simultâneos. Normalmente, nossa concentração é mais voltada ao mundo externo – quando se dirige um carro, por exemplo, a atenção se concentra no trânsito. Na meditação, ela se volta inteiramente para os pensamentos e sentimentos íntimos.

As práticas orientais tradicionais (ver pp. 16-7) enfatizam a necessidade de esvaziar a mente do turbilhão diário, para nos conectarmos com uma realidade mais além. Entretanto, neste livro a abordagem será diferente – não começaremos esvaziando a mente, mas preenchendo-a com pensamentos, imagens e ideias estimulantes. Assim, é possível atingir uma conexão mais intensa com o eu interior, para uma compreensão mais profunda da nossa verdadeira natureza. A meditação não se dará em nível espiritual avançado, mas simplesmente em nós próprios.

POR QUE MEDITAR?

Recorremos à meditação por diversas razões, mas principalmente para relaxar e eliminar o estresse e as tensões desnecessárias. O efeito da meditação pode ser semelhante ao das férias – é quando nos renovamos e nos reaproximamos de nós mesmos, com novas perspectivas sobre os problemas que enfrentamos. Ao contrário de férias caras, porém, meditar tem custo zero e demanda apenas alguns minutos por dia.

Pense em todos os fluxos intermináveis de pensamentos que nos passam pela cabeça o tempo todo. Quando estamos sozinhos e a mente não está focada em nenhuma atividade ou tarefa específica, os pensamentos tendem a mover-se em todas as direções, de forma mais ou menos aleatória. A verdade é que muitos deles revelam ansiedade e são desconstrutivos; são tingidos com emoções, como se alguém tivesse esvaziado litros de tinta no fluxo mental. Esses pensamentos provavelmente vão mantê-lo tenso ou deixá-lo estressado.

A meditação nos põe em contato íntimo com a mente

e com o corpo também, ajudando-nos a compreender motivações e desejos inconscientes, o que nos possibilita identificar e trabalhar pensamentos e emoções negativas, até eliminarmos os sentimentos nocivos. Uma vez descobertas as forças do inconsciente que agem em nós, podemos ir em busca de mudanças positivas.

Os benefícios mentais e corporais da meditação são conhecidos. Respirar corretamente, ter boa postura e relaxar profundamente levam o corpo a funcionar com mais eficiência e podem ajudar a aliviar problemas como insônia, pressão arterial alta e desânimo. Ao experimentar essa prática com a mente aberta, você chega a uma visão mais clara do funcionamento do organismo e também de si próprio. As sensações de relaxamento e de maior capacidade de concentração surgirão também, e os problemas podem até ser vistos de outra maneira. Quando você se conecta com a realidade em outros níveis mais profundos da mente, a névoa que tolda a mente se desfaz. Assim, ao entender melhor o que é ser humano, passamos a gostar mais das pessoas em redor. Todos os aspectos da vida começam a se encaixar melhor.

TRADIÇÕES DA MEDITAÇÃO

Ainda que muitas vezes se imagine a meditação ligada estritamente aos homens sagrados do budismo, essa prática ocupa papel central em boa parte das principais tradições e filosofias de todo o mundo. Aqui, mostramos como a meditação é vista por diferentes práticas e religiões.

Hinduísmo

Costuma-se associar a Índia à busca da iluminação espiritual. A ioga, um caminho prático para a evolução espiritual, é um dos pontos centrais da vida religiosa do país há muitos séculos. A disciplina do corpo e a concentração da mente (pela meditação) são vistas como meios para alcançar autossatisfação e iluminação. A ioga é reverenciada nos textos sagrados do hinduísmo. Por exemplo, o *Bhagavad Gita* (século 6º a.C.) descreve essa prática como meio eficaz de resolução dos problemas diários; ela também é central nos *Upanixades* (c. 800-c. 300 a.C.), que vê a mente, o espírito, o corpo e o mundo como continuidades, como a força turbilhonante da energia vital.

Taoísmo

O *Tao Te King* – o principal texto do taoísmo, escrito por Lao Tsé por volta do século 4º a.C. – está repleto de sabedoria e poesia que dialogam com o eu interior e ensinam a aceitar o mundo como é. A filosofia taoísta tem como base a relação entre opostos: interior e exterior, consciente e inconsciente. A união dos opostos é representada pelo símbolo *yin-yang*. A meditação é recomendada como meio de alcançar ordem e unidade na vida.

Cristianismo celta

Esta corrente enfatiza a necessidade humana de isolamento e solidão. Seus praticantes procuram estar em contato com a natureza nas montanhas, em lugares arborizados ou próximos a água corrente, ou na praia. Assim, pela meditação, celebram-se Deus e a natureza ao mesmo tempo. Os cristãos celtas têm orações para ocasiões especiais que podem ser repetidas diversas vezes, de forma similar aos mantras budistas (ver pp. 90-1).

Esvazie-se completamente;
deixe a mente ficar em paz.
Enquanto milhares de coisas se elevam e caem,
o "eu" contempla o retorno delas.
Todas crescem e florescem e,
então, retornam à origem.
O retorno é tranquilo,
pois se destina a cumprir os caminhos da natureza.
Esses caminhos são contínuos.
Reconhecer a continuidade é ter uma percepção
mais profunda.

LAO TSÉ

TAO TE KING (SÉCULO 4º A.C.)

A HORA CERTA

É aconselhável estabelecer uma rotina de meditação. Procure reservar um horário na programação diária, para que a prática se torne parte do cotidiano. Experimente e descubra o que é mais adequado. Alguns acham melhor meditar no início do dia; outros preferem se dedicar ao exercício à noite, para relaxar antes de dormir.

O LUGAR CERTO

Procure um espaço silencioso onde ninguém o interrompa. Faça dele um lugar especial, decorando-o com objetos relacionados à meditação, como almofadas, velas e incensos. Música adequada pode ser um bom elemento relaxante – tenha isso em mente ao montar seu espaço. Outra opção é meditar ao ar livre, onde a natureza possa intensificar a qualidade do exercício e trazer-lhe maior sentimento de conexão com o mundo.

COMO SE SENTAR

Métodos tradicionais de meditação indicam posturas específicas, mas elas podem ser, às vezes, desconfortáveis e difíceis para alguns. Não é necessário ser jovem e flexível para meditar corretamente – todos podem se beneficiar com a prática. Nos exercícios deste livro, o mais importante é sentir-se bem.

Sente-se ou deite-se. No segundo caso, use um apoio sob a cabeça. Se optar por uma cadeira, o encosto deve fornecer apoio para que as costas fiquem retas. Se preferir sentar-se no chão, use uma almofada e cruze as pernas. Ao escolher a melhor posição, confira se a respiração flui normalmente – por isso é importante manter a coluna reta, para que nem os pulmões nem o diafragma sejam comprimidos.

Durante a meditação, o metabolismo se desacelera e, portanto, você pode sentir um pouco de frio. Por isso, é importante que o ambiente escolhido esteja levemente aquecido. Procure usar roupas confortáveis e tire joias ou bijuterias.

MEDITAÇÃO COM VELA

Esta técnica simples ajuda a acalmar a mente e aumenta a concentração para meditar.

1 Sente-se de forma confortável e coloque uma vela acesa diante de você. Respire de forma regular e um pouco mais profundamente que o normal. Concentre-se em cada parte do corpo e repita: "Eu relaxo fácil e completamente". Fique atento à chama da vela: imagine que ela se funde com você e se torna parte do seu ser.

2 Feche os olhos, mas mantenha a imagem da vela e da chama no pensamento. Leve essa imagem às profundezas da mente. Enquanto incorpora a imagem da vela, procure desfazer-se de todo senso de separação – há uma fusão completa entre a chama e o ser.

3 Quando estiver pronto, finalize a meditação, concentrando-se na respiração mais uma vez. Respire profundamente por um ou dois minutos e abra os olhos.

RESPIRAÇÃO E MEDITAÇÃO

A maioria das pessoas não tem consciência de como a respiração afeta o estado físico e mental; porém, durante a meditação, é essencial observar a respiração e a forma como ela é feita. Quando respiramos corretamente, o metabolismo funciona com eficiência – isso permite que o corpo relaxe. Dedicar um tempo para respirar correta e profundamente pode ser suficiente para nos acalmar em momentos de estresse. A meditação nos ensina isso, ao mostrar que, se entendermos e regularmos a respiração, desenvolveremos também o controle do corpo e das emoções, além da concentração da mente, melhorando a qualidade de vida.

Para respirar corretamente é necessário adotar a postura corporal correta, o que não apenas nos fornece um porte melhor, como faz que nos sintamos efetivamente melhor. Ao sentar-se, sua coluna deve estar reta, mas não tensa. A postura errada impede os pulmões e o diafragma de se expandir livremente.

A respiração eficiente deve partir do diafragma, e não da parte superior do tórax.

Procure estabelecer uma rotina para as sessões de meditação: primeiro feche os olhos e se prepare para o exercício. O passo seguinte é prestar atenção na respiração. Por um ou dois minutos, respire lenta e regularmente, de forma um pouco mais profunda que o usual. Isso o ajudará a iniciar o relaxamento e a concentração. Observe o processo respiratório e perceba como a vida depende dele. Assim, tomará consciência de como a respiração é essencial para a saúde e o bem-estar. Ao respirar, capturamos o ar em redor e o tornamos parte de nós. Quando contemplamos esse processo, notamos a relação umbilical existente entre o ser e o meio em que vive. A verdade é que prestar atenção na respiração já é por si só uma meditação.

Termine o exercício da mesma forma que o começou: pouco antes de abrir os olhos, por cerca de dois minutos, concentre-se em cada inspiração e expiração.

RELAXE O CORPO

Faça esta sequência junto com a técnica de respiração descrita nas pp. 26-7 para entrar em estado de relaxamento consciente.

1 Sente-se ou deite-se confortavelmente no chão, com as pernas esticadas. Comece o exercício – como sempre – respirando de forma livre e profunda.

2 Concentre-se no relaxamento de cada parte do corpo. Inicie pelos pés, depois se fixe nas pernas, quadril, abdômen, tórax, braços, costas, ombros e, por último, nos músculos faciais. Enquanto isso, repita mentalmente: "Estou me sentindo cada vez mais relaxado".

3 Se você for ligado ao ar, imagine que o corpo está todo pesado; se preferir a terra, imagine o corpo leve. Concentre-se nessa sensação enquanto se sentir à vontade.

4 Por último, volte a prestar atenção na respiração. Quando se sentir pronto, abra os olhos e finalize a meditação.

LIVRE-SE DO DESCONFORTO

Às vezes, pode surgir algum desconforto na meditação. Se for causada por tensão muscular, procure retesar firmemente o músculo envolvido e depois solte-o. Imagine a tensão saindo do corpo em um jato. Outra técnica é concentrar-se na região do desconforto e deixar a sensação ir embora aos poucos, sem fazer nada (essa tática não é recomendada para idosos ou enfermos). Se sentir formigamento em alguma parte do corpo, mude a postura, permitindo que o sangue circule livremente na área.

ABRA OS OLHOS

Abra os olhos em qualquer momento durante a meditação caso se sinta inquieto. Ao fazer isso, procure se conservar bem relaxado, para não sair do estado meditativo. Quando se sentir pronto, volte a fechar os olhos.

DESENVOLVA O FOCO

O segredo da boa meditação é aprender a centrar-se, ou seja, acalmar o corpo e concentrar a mente para atingir o estado de total concentração. Tente deixar as preocupações de lado, dirigindo o foco para algo concreto, como uma parte do corpo, e canalizando a energia mental para aquele ponto. Se preferir, coloque um objeto à frente – uma flor ou uma pintura, por exemplo – e deixe o olhar repousar sobre ele. Inicialmente, pode parecer que a concentração se limita ao objeto escolhido; em pouco tempo, porém, os pensamentos e a imagem se tornarão uma coisa só.

A habilidade de se concentrar por longos períodos durante a meditação é uma experiência muito enriquecedora. As dificuldades iniciais – os pensamentos que seguem em diversas direções, por exemplo – não devem ser vistas com preocupação. Procure apenas retomar o foco. Com o tempo e a prática, a capacidade de concentrar-se aumentará cada vez mais.

Além de desenvolver a concentração e o foco, também é importante alcançar uma sensação de equilíbrio mental e físico. No zen-budismo, a área que vai do abdômen à virilha é conhecida como *hara*. Nessa região, cerca de 5 centímetros abaixo do umbigo, localiza-se o *tanden* – ponto considerado o centro gravitacional do corpo todo. Focar os pensamentos no *tanden* durante a meditação ajuda a obter a sensação de equilíbrio mental e físico.

A meditação não deve ser considerada algo a que só se precise dispensar alguns minutinhos por dia e nada mais – é uma atitude que tem de integrar o cotidiano. Dessa forma, a capacidade de concentração também poderá ser usada para manter o foco em qualquer tarefa, além de permitir a entrega total aos aspectos mentais, físicos e emocionais de sua existência. Manter a mente leve e o corpo relaxado – mesmo que por poucos minutos – é como receber uma bênção.

TRANQUILIZE A MENTE

Este exercício ajuda a acalmar a mente, ao monitorar os pensamentos que vêm e vão.

1 Sente-se na posição meditativa de sua preferência. Relaxe, respire tranquilamente e dirija o foco para os pensamentos. Não os interrompa ou censure – permita que eles fluam livremente. Imagine que os pensamentos são ondas em um lago. Seja paciente e acabará por se sentir envolto em tranquilidade.

2 Quando já estiver calmo, concentre-se na palavra "paz". Medite nessa palavra. Deixe-a preencher o corpo e a mente, fazendo-a ressoar internamente.

3 Após dois ou três minutos, diga a palavra, para que apenas a essência da paz (a sensação física de sua presença) permaneça.

4 Ao final do exercício, note quão relaxado se sente – tente reter ao máximo essa sensação. Respire um pouco mais profundamente por um minuto e abra os olhos.

Há uma coisa que, quando cultivada
e regularmente praticada, leva à
profunda espiritualidade, paz,
consciência e capacidade de compreensão,
conduz ao conhecimento e a uma vida feliz
aqui e agora, além de levar à sabedoria
e ao discernimento.
O que é tal coisa?
É a consciência centrada no corpo.

BUDA

(C. 563-C. 483 A.C.)

CONCENTRE-SE

Este exercício desenvolve um estado mental de serenidade e um corpo estável – fundamentais para a meditação eficiente.

1 Sente-se em posição confortável, com as costas retas. Coloque os ombros para trás, alongando os músculos do tórax. Ponha as mãos, com as palmas para baixo, nos joelhos ou nas coxas. Feche os olhos. Concentre-se no corpo, relaxando todos os músculos que estejam tensos. Mantenha a respiração suave e constante.

2 Permita que a mente se assente sobre a estabilidade e a força inatas do eu interior. Se outros pensamentos surgirem aleatoriamente, procure voltar, com suavidade, a atenção para a respiração. Ao inspirar, pense que está adquirindo força e, ao expirar, que obtém mais estabilidade.

3 Agora, volte a se concentrar na presença física do corpo: sinta o ar tocando a pele, o peso do corpo contra o chão, o calor dos dedos, o toque dos cabelos na face. Permaneça sentado e em silêncio por alguns minutos, consolidando a consciência de si próprio. Então, abra os olhos e levante-se.

MEDITE "CORRETAMENTE"

As pessoas costumam ter dúvida sobre se estão meditando corretamente. A resposta a essa questão é que não há certo e errado – tudo depende do que se quer alcançar com a prática. Se ela não estiver ajudando de nenhuma forma, talvez seja necessário mudar alguma coisa. Às vezes, é possível descobrir o que deve ser alterado apenas dando vazão à voz interior, o inconsciente. Durante a meditação, procure perguntar-se o objetivo pretendido com os exercícios. Observe os pensamentos e sentimentos que surgem como resposta.

Capítulo 2

primeiros passos

Agora que já foram expostos os princípios e as técnicas básicas da meditação, é possível aprofundar os métodos. Neste estágio, deve-se levar em conta que a meditação pode se tornar um estilo de vida, do qual sentar-se e concentrar-se são apenas uma pequena parte. Ao introduzir a meditação no cotidiano, é possível perceber mudanças em diferentes áreas. E, apesar de não ser necessário alterar drasticamente o estilo de vida para se beneficiar dela, certo nível de comprometimento é desejável. A intensidade desse compromisso fica a critério de cada um.

Entre outras coisas, neste capítulo será explorado o conceito de "atenção plena" – ou seja, colocar toda a atenção e a consciência nas sensações e pensamentos que surgem no corpo e na mente. Por exemplo, podemos tomar consciência dos instintos que controlam nossos hábitos alimentares, nossa relação com exercícios físicos ou os excessos cometidos com fumo e bebida. Ao enfrentarmos integralmente esses impulsos e nos tornarmos mais conscientes deles, damos um passo importante para melhorar a qualidade de vida.

Inicie a caminhada pela meditação de mente aberta. Não crie grandes expectativas. Seja paciente e receba bem todas as mudanças positivas que possam surgir.

CONHEÇA SUA MENTE

A mente está sempre nos pregando peças e tem muitas estratégias para distrair a atenção, enganando-nos e levando-nos ao caminho errado. As armadilhas podem aparecer na forma de pensamentos negativos que nos impedem de atingir o objetivo – e, quanto mais nos esforçamos para atingi-lo, mais impeditivos os pensamentos podem se tornar.

Procure identificar as táticas que a mente adota para tirá-lo do caminho. Ela provavelmente vai intervir durante a meditação, tentando convencê-lo de que essa prática é perda de tempo e não funcionará – ou seja, tentará de tudo para desviá-lo do objetivo mental.

Os pensamentos impeditivos originam-se do inconsciente – setor da mente que determina boa parte daquilo que nos motiva: desejos, impulsos e instintos. Não conseguir conectar-se com o inconsciente é ignorar um elemento fundamental da constituição humana. Ele contém tanto aspectos positivos como negativos, mas, enquanto eles permanecem encobertos, nada pode ser feito para incentivá-los ou desencorajá-los.

Ter a mente consciente é como possuir uma luz que pode ser levada aos lugares mais inacessíveis do cérebro, revelando conteúdos antes desconhecidos. A meditação ensina você a familiarizar-se gradualmente com os mecanismos que possibilitam trazer ao consciente os pensamentos que estão no inconsciente, para usá-los em benefício próprio. É pela comunhão entre esses diferentes níveis da mente que se atinge o autoconhecimento.

Um dos primeiros fatores que devem ser levados em conta quando nos dedicamos a desvendar a mente é a enorme diversidade entre as pessoas. Ainda que tenham necessidades similares (de alimentação, calor e proteção, por exemplo) e emoções parecidas (amor, ódio, medo e desejo), as histórias individuais e os perfis psicológicos variam infinitamente e definem personalidades diferentes. Na meditação, isso significa que algo perfeito para uma pessoa pode não servir para outra. Tenha isso em mente ao praticar os exercícios – experimente, procure descobrir o que funciona melhor para você e lhe dá a sensação de conforto.

ATENÇÃO PLENA

A cultura ocidental valoriza a riqueza material dos indivíduos e os sinais exteriores de "sucesso", deixando de lado a importância da vida espiritual e da riqueza interior. Criou-se um ambiente competitivo, agitado, em que é cada vez mais difícil encontrar oportunidades de se concentrar em pensamentos, sentimentos e atitudes pessoais ou na relação com o mundo. A tradição oriental oferece uma alternativa radical ao materialismo moderno e tem muito a ensinar sobre a natureza do "ser". Quando adaptadas ao estilo da vida moderna, as filosofias orientais podem ajudar na redescoberta de valores espirituais que infelizmente estão em falta no Ocidente.

A consciência total dos próprios movimentos, sensações, ações, emoções e pensamentos é chamada no zen-budismo de "atenção plena". É o processo de situar a mente com firmeza no momento presente, mantendo-a simultaneamente absorvida na tarefa que está executando. A meditação, o momento em que a mente se torna completamente alerta, é em si uma atividade de "atenção plena".

Quando se é adulto, uma das habilidades que em geral se perdem é a de dedicar toda a atenção às experiências que estão sendo vividas. Com a mente tomada por mil pensamentos, os sentidos parecem perceber só metade do que está à volta: as paisagens, sons e aromas que surgem de todas as direções. Outra tendência é deixar de sentir a respiração e o próprio corpo, além da falta de atenção com os pensamentos e as emoções. Para nos mantermos totalmente comprometidos com os aspectos físicos, mentais e emocionais, devemos desenvolver uma mente atenta.

O conceito de "atenção plena" ganha mais relevância quando aprendemos – talvez contrariando a visão tradicional da meditação – a não dominar os conteúdos da mente, mas a observá-los, jogando a luz da percepção sobre eles e seu significado. Um bloqueio comum entre as pessoas que se iniciam na meditação é a impossibilidade de esvaziar a mente. Fazer meditação dessa forma é negar a realidade – só quando exploramos a mente por completo e damos total atenção ao seu conteúdo é que conseguimos viver as experiências e a riqueza da vida na totalidade.

DESCUBRA A IMAGINAÇÃO

Neste exercício, uma caixa é usada como foco da meditação. Ao visualizá-la, deixe a imaginação predominar. Permita que itens "apareçam" na caixa – eles representam pensamentos e sentimentos.

1 Coloque uma caixa vazia diante de você e a observe-a por alguns minutos. Quando se sentir pronto, feche os olhos e visualize-a na mente.

2 Imagine que a caixa representa a mente e que, ao abri-la, você encontre objetos nela. O que existe dentro da caixa? São itens que representam sua vida, sua personalidade ou seu estado de espírito? Talvez apareçam objetos aparentemente sem sentido, mas que podem ser mensagens do inconsciente.

3 Mentalmente, retire cada item da caixa. Que sentimentos cada um deles desperta em você? Aceite esses sentimentos, quaisquer que sejam. Para finalizar a meditação, imagine-se repondo cada item na caixa e, depois, fechando a tampa. Respire fundo algumas vezes e abra os olhos.

VIVA O PRESENTE

A meditação nos encoraja a ter foco
e a concentrar nossas energias mentais.
Remoer continuamente o passado ou
preocupar-se o tempo todo com o futuro
impede que fiquemos atentos ao presente.
A meditação nos fortalece para enfrentar
a realidade do hoje e, ao fazer isso,
nos oferece liberdade em relação
não só ao que já passou, mas ao porvir.

MONITORE OS PENSAMENTOS

Pensar envolve fazer associações, deixar os pensamentos e a imaginação se expandirem e se desenvolverem de forma livre e natural. Na meditação, não só é necessário o uso da imaginação e da habilidade de raciocínio, mas também da capacidade de monitorar pensamentos e sentimentos diversos que surgem espontaneamente.

Tente "sair" de si próprio e observar pensamentos, imagens e ideias que transitam pela mente. Imagine as nuvens suspensas no céu. Ao observar os pensamentos, deixe que fluam livremente, sem se prender a nenhum. Não os julgue nem tente deturpá-los; procure apenas ter consciência deles. Note o efeito tranquilizador da prática e aproveite esse momento de observação e reflexão. Que forma melhor pode haver para isso do que observar os pensamentos com uma postura de aceitação?

Às vezes, durante a meditação, ficamos distraídos. Se for esse o seu caso, permita-se a distração por alguns instantes e, gentilmente, discipline a mente para voltar ao foco da atenção.

O segredo é ser paciente e passivo – evitar julgamentos, mantendo-se, porém, consciente. Se o resultado da meditação for sempre desestimulante, é possível que o nível de exigência esteja muito alto. Procure evitar as expectativas. Apenas se abra para as possibilidades.

Relembre questões que foram motivo de preocupação durante o dia. Tente identificá-las e escreva-as em um papel. Existe muita preocupação com o que já aconteceu ou com o que poderá acontecer? Você tenta controlar eventos e situações que, no fundo, não há como controlar? Talvez sinta a presença constante de sentimentos ruins (raiva, rancor, arrependimento, medo, tristeza) ou ainda de pensamentos negativos, como "ninguém se importa comigo" ou "ninguém presta atenção no que eu faço". Talvez seus pensamentos girem em torno de sonhos e desejos que o transportam para diferentes lugares, distintas atividades e na companhia de outras pessoas. Torne-se um observador de seus pensamentos e procure identificar os padrões mentais – introduza aos poucos essa rotina não só nas meditações, mas em outros momentos do cotidiano.

IMAGENS

A imaginação é um elemento essencial da meditação, que permite acessar os sentimentos e emoções mais profundos. Medite em um som ou imagem e observe atentamente o efeito produzido em você. Todos têm a capacidade de criar e manter imagens na mente, mas se isso lhe parecer difícil talvez sua imaginação esteja fora de forma. Não desista, continue tentando. Com o tempo, criar imagens mentais ficará cada vez mais fácil.

PONTES MENTAIS

Deixe que essas imagens ganhem vida própria. Pense que todos os dias o inconsciente produz imagens lindas. Quando se exercita a imaginação durante a meditação, criam-se pontes mentais para o inconsciente. Cruzar essa ponte intensifica o potencial criativo da mente.

OBSERVE AS EMOÇÕES

É bastante comum experimentar fortes emoções na meditação, o que não é problema para pessoas naturalmente emotivas, acostumadas a sentimentos intensos. Já as pessoas mais frias e pouco passionais, que costumam não lidar com os sentimentos, deverão ter em mente que ficar cara a cara com as emoções poderá ser um choque.

Em vez de se abater e se deixar levar por elas, por meio da meditação é possível aprender a analisá-las, entender sua natureza e o porquê de elas surgirem. Assim, aprende-se a levar a vida de forma mais calma e racional; não se trata de ligar e desligar os sentimentos quando convier, mas de tornar-se mais consciente em relação a eles. Brigar consigo mesmo para reprimir emoções ou ganhar total controle sobre elas é quase sempre uma luta infrutífera. Pior ainda: resulta em estresse e não traz nenhum benefício psicológico.

As emoções ajudam a construir relacionamentos, e por meio da meditação aprende-se a estabelecer uma relação consigo mesmo. Quando fortes emoções aparecem durante a prática, procure observar a maneira como elas o afetam e se o sentimento é negativo ou positivo. Torne-se um observador das sensações, não apenas na meditação, mas na vida cotidiana. Procure identificar padrões de comportamento e descubra quais são os mecanismos que funcionam como "gatilhos".

Se o objetivo for liberar sentimentos fortes e sufocantes, tente fazer isso gradualmente e se expresse de forma construtiva: escreva ou desenhe algo sobre o que sente. Essa tática pode ser terapêutica e ajudar a entender melhor o que ocorre de fato. Se esses sentimentos estiverem tomando conta de você, pare e espere que se aquietem. Uma boa maneira de lidar com sentimentos fortes de maneira imediata é fechar os olhos e imaginar que uma chuva suave refresca sua pele. Dessa maneira, é possível começar a sentir toda a inquietação interna indo embora.

SUPERE EMOÇÕES NEGATIVAS

Este exercício ajuda a lidar com fortes emoções negativas, que podem surgir a qualquer hora do dia, e também com as que aparecem durante a meditação.

1. Feche os olhos e respire fundo por alguns minutos. Quando estiver se sentindo mais calmo, imagine-se segurando uma pedra, rocha ou cristal. Essa é a "pedra da preocupação". Que cor tem e qual é sua textura?
2. Agora, pense em todas as emoções negativas que devem ser controladas ou destruídas. Imagine que essa negatividade é canalizada pelos braços, vai descendo em direção às mãos e é totalmente absorvida pela pedra.
3. Visualize a pedra recebendo e retendo todos os pensamentos negativos que trazem emoções pesadas e indesejáveis. Permita que ela absorva tudo, sentindo que as sensações ruins estão indo embora, dando lugar à tranquilidade.
4. Quando se sentir mais calmo, imagine-se lavando a pedra, deixando-a bem limpa – e, com isso, toda a energia negativa se dissipa.

Inspirando, vejo-me como uma montanha.
Expirando, sinto-me sólido.
Inspirando, vejo-me como um espaço.
Expirando, sinto-me livre.

THICH NHAT HANH
(SÉCULO 20)

As coisas do passado já se foram.
E estão mais longe do que se possa imaginar.
O tao é justamente este momento,
estas palavras: flores de ameixa caem;
gardênias se abrem.

CH'ING KUNG
A MORADA DA MONTANHA (SÉCULO 14)

"ATENÇÃO PLENA" CORPORAL

Normalmente não prestamos atenção ao próprio corpo, a não ser quando sentimos dor física ou desconforto. Realizamos todas as atividades por meio dele, quase sem notar sua existência. A "atenção plena" demanda tomar consciência tanto do corpo como da mente (ver pp. 46-7).

Reflita sobre seu nível de consciência em relação ao corpo durante as tarefas diárias. Procure perceber as diferentes sensações: o contato dos pés no chão, das costas contra a cadeira ou as almofadas, do ar tocando a pele e, mais profundamente, o movimento dos músculos e ligamentos. A meditação põe em relevo a relação entre corpo e mente e a maneira como somos fisicamente afetados por pensamentos e emoções. Buscar a consciência e o cultivo dessa relação tem impacto fundamental no bem-estar geral.

MEDITAÇÃO DA CAMINHADA

A prática contínua deste exercício (baseado no *kinhin*, técnica zen de meditação) aumenta a consciência da relação entre corpo e mente. Pratique-o enquanto se sentir à vontade.

1 Procure um lugar tranquilo, de preferência ao ar livre. Escolha um local para caminhar livremente por alguns minutos, com poucos obstáculos e onde ninguém o perturbe.
2 Caminhe com firmeza em passo lento. Coloque o foco em cada parte do corpo, uma a uma. Comece pelos pés e vá subindo, sentindo cada região. Observe como é possível controlar o corpo e como todo ele contribui para a caminhada.
3 Sinta o efeito calmante dessa experiência – deixe os pensamentos irem e virem enquanto se concentra no ato de andar. Permaneça plenamente consciente, lembre como é estar "no próprio corpo". Quando se sentir pronto, retome a consciência do mundo exterior e finalize a meditação.

Um guerreiro totalmente alerta pode
usar livremente todos os elementos existentes
entre o céu e a terra. O verdadeiro guerreiro
aprende a entender corretamente
a atividade do universo e a
transformar técnicas marciais em
veículos de pureza, bondade e beleza.
A mente de um guerreiro e seu corpo
devem estar permeados de sabedoria
iluminada e profunda calma.

MORIHEI UESHIBA

A ARTE DA PAZ (SÉCULO 20)

Capítulo 3

imagem e som

Todas as formas de meditação fazem uso positivo dos sentidos visuais e auditivos, com o fim de ajudar a pessoa a explorar o "eu" interior, liberar a mente e abrir-se para a possibilidade de mudança. Com a meditação, cria-se uma relação entre o consciente e o inconsciente, entre o mundo real de todo dia e aquele que se situa além dele. Estimulada e encorajada por diferentes sons e imagens, a imaginação pode servir como ponte entre esses dois mundos.

Imagens e sons possuem enorme poder criativo. Os utilizados nos exercícios foram escolhidos cuidadosamente, pela capacidade que têm de expandir a consciência e beneficiar a mente positivamente.

Alguns elementos visuais e auditivos da meditação foram aperfeiçoados durante milhares de anos. As mandalas (representações geométricas do cosmos), por exemplo, ajudam o praticante a atingir a sensação de integração com o universo (ver p. 73).

De forma similar, os mantras, palavras e frases evocadas durante a meditação, geram sentimentos de harmonia e bem-estar. As páginas seguintes exploram os mecanismos pelos quais os sentidos visual e auditivo ganham peso nas sessões de meditação. Além do uso de imagens e sons tradicionais, é possível criar ferramentas próprias que lhe trarão significados especiais e o ajudarão em seu crescimento espiritual.

O PODER DOS SÍMBOLOS

A força criativa da imaginação é constantemente evocada quando se utilizam objetos, imagens e sons como pontos de foco para a mente. O estímulo à criação desses elementos mentais na meditação é uma forma de ampliar o poder de percepção para além dos limites da consciência. Objetos, imagens e sons passam a ser símbolo de algo mais profundo, reflexo de uma linguagem metafórica e universal que existe dentro de todos.

O poder do símbolo reside na capacidade de resumir muitas ideias em um elemento só, mesmo que pareçam opostas ou contraditórias. Assim, é possível interpretar uma simbologia em diversos níveis, e a relação individual com um signo em particular pode crescer e alterar-se. Por isso eles são instrumentos tão úteis na meditação. Nas páginas seguintes serão abordados símbolos tradicionais, como as mandalas, os chacras e a cabala, e seus significados.

MANDALAS

A mandala é um diagrama complexo, decorativo e simétrico, desenhado para auxiliar na meditação, nas tradições hinduísta e budista. É recheada de simbolismos religiosos e representações cósmicas na forma de seres divinos. A mandala normalmente tem um contorno circular que contém um ou mais quadrados. A circunferência representa o sagrado e a cura; o quadrado evoca as divisões e oposições existentes dentro do todo; o centro, o ponto focal da mandala, simboliza a unidade de todas as coisas.

Quando utilizada, é necessário ser específico quanto à interpretação do seu significado. Meditar usando a mandala pode trazer um senso profundo de harmonia – a sensação mística de unidade com o cosmos. A melhor forma de utilizá-la é concentrar-se na imagem, sem se preocupar com significados espirituais mais profundos. "Entre" na imagem, como alguém que entra em uma sala, e observe bem os elementos, sem julgá-los, em estado de alerta, de atenção plena.

VISUALIZAÇÕES QUE CURAM

Neste exercício, entra-se em contato com alguns princípios simbólicos da mandala para criar sua visão unificadora. É uma meditação indicada para quando você se sentir desconectado do mundo ou "para baixo".

1 Sente-se à vontade, feche os olhos e relaxe. Mentalmente, visualize uma cruz dentro de um círculo, que é o símbolo universal da cura e da totalidade. Imagine que as quatro partes do círculo são como janelas. Olhe através de cada uma por vez. Tente criar uma imagem em cada janela a partir de qualquer coisa que lhe venha à mente.

2 Imagine que a cruz circunscrita começa a emitir uma luz com poder de cura, que se intensifica cada vez mais. Visualize essa luminosidade preenchendo todo o seu corpo e sua mente.

3 Quando se sentir pronto para terminar o exercício, imagine a luz diminuindo de intensidade, até a imagem do círculo ir desaparecendo aos poucos. Respire profundamente, sinta-se relaxado e abra os olhos.

OS CHACRAS

A medicina ocidental costuma ver o corpo humano como uma coleção de partes separadas, que, portanto, podem ser tratadas de forma igualmente isolada, sem levar o todo em consideração. Outras tradições veem o corpo de maneira mais holística, identificando uma energia central, ou força vital. Nas tradições da ioga, o corpo possui um sistema de chacras, centros energéticos que não podem ser vistos fisicamente mas estão posicionados ao longo da espinha dorsal. Muitos curandeiros indianos os descrevem como rodas ou círculos de energia.

Nos textos hindus, cada chacra é associado a animais, pássaros, deuses e deusas, cujos atributos ajudam a descrever suas qualidades e características (como humildade, força, compaixão). Cada um deles é representado por um diagrama semelhante a uma mandala e associado a uma cor e a uma parte do corpo. Ao meditar sobre nossos chacras, canalizamos um fluxo de energia para eles.

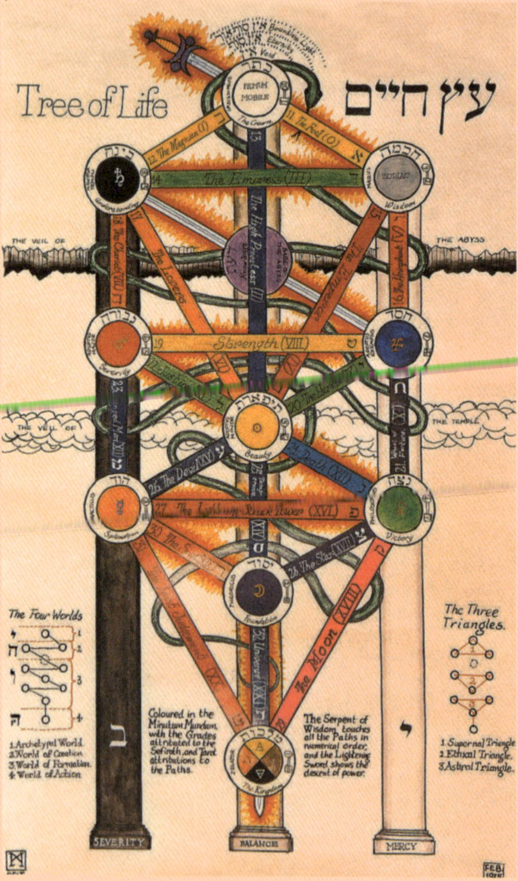

Tree of Life
עץ חיים
PRIMUM MOBILE
The Crown
11. The Fool (O)
12. The Magician (I)
14 The Empress (III)
ZODIAC
Understanding
Wisdom
The High Priestess (II)
THE VEIL OF
THE ABYSS
19 Strength (VIII)
Severity
Beauty
THE VEIL OF
THE TEMPLE
26. The Devil (XV)
Victory
28. The Star (XVII)
Foundation
The Moon (XVIII)
The Kingdom
The Four Worlds
1.Archetypal World.
2.World of Creation
3.World of Formation.
4.World of Action
Coloured in the Minutum Mundum, with the Grades attributed to the Sefiroth, and Tarot attributions to the Paths.
The Serpent of Wisdom touches all the Paths in numerical order, and the Lightening Sword shows the descent of power.
The Three Triangles.
1.Supernal Triangle
2.Ethical Triangle.
3.Astral Triangle.
SEVERITY
BALANCE
MERCY

A CABALA

Originalmente um conjunto de conhecimentos associado à tradição mística judaica, a cabala evoluiu em 2 mil anos de história e é uma tradição relevante e viva em pleno século 21. Com a influência de práticas modernas de magia ocidental – mais notadamente a "Ordem Hermética do Alvorecer Dourado" –, a cabala ganhou a reputação de ser misteriosa e obscura. Porém esses ensinamentos estão ao alcance de todos. Um de seus aspectos interessantes é a orientação para a descoberta da espiritualidade e do conhecimento por meio de práticas de meditação.

A cabala utiliza um modelo de diagrama chamado Árvore da Vida para passar seus ensinamentos. Símbolo de unidade cósmica, a árvore é constituída de *sephiroth* (cuja unidade é o *sephirah*), que são representações de aspectos da vida, de Deus e dos indivíduos. Estudar a Árvore da Vida por meio da meditação é explorar e experimentar cada *sephirah*, que em muitos aspectos corresponde a um chacra da tradição hindu (ver p. 76).

MEDITAÇÃO DOS CHACRAS

Na meditação, procure familiarizar-se com os chacras. Concentre-se em cada um deles por vez, procurando sentir a força e a positividade da energia que contêm. Comece pelo chacra raiz (situado na base da espinha) e siga para o chacra sacro (abaixo do umbigo). Depois, dedique-se ao chacra do plexo solar (área central do estômago), ao do coração, ao do terceiro olho (na testa, entre os olhos), e termine com o chacra da coroa, o mais importante, que se localiza no alto da cabeça.

MEDITAÇÃO DA ÁRVORE DA VIDA

Estudar a Árvore da Vida durante a meditação pode levar a um grau maior de autoconhecimento – os caminhos que conectam cada *sephirah* representam os diferentes níveis do desenvolvimento espiritual. Visualize esses níveis no exercício e imagine que, ao fazê-lo, você inicia uma reflexão sobre sua jornada de vida.

MEDITAÇÃO DA FLOR

Este exercício usa uma flor – símbolo de crescimento e realização – para estimular a expansão da imaginação.

1 Relaxado e à vontade, visualize o botão fechado de uma flor e procure pensar em como ele foi formado: as sementes, a muda, o crescimento ao sol e à chuva. Contemple o potencial que está contido nesse botão, quase pronto para revelar sua beleza.

2 Imagine que o botão se abre lentamente e toma a forma da flor. Seja criativo na visão, mas não a force. Deixe que o botão se abra do modo e no ritmo que quiser. Sinta as cores, o perfume e a beleza da flor a envolvê-lo. Visualize a delicadeza das pétalas.

3 Agora, pense que o botão representa algo interno que está prestes a explodir para fora. Pode ser o amor e a compaixão pelos outros ou a força para enfrentar uma situação difícil. Medite sobre o desabrochar da flor na vida. Retire força dessa visualização e fortaleça seu potencial de crescimento.

ENERGIA DA TERRA

O mundo natural nos fornece um estímulo visual que exerce influência poderosa na mente. Embora nem sempre seja possível meditar no topo de uma montanha ou junto a rios ou mares, podemos ter acesso a essas paisagens na imaginação. Em muitas tradições religiosas, as montanhas são consideradas lugares sagrados de ligação entre o céu e a terra. O oceano também guarda poderes e significados simbólicos – é a origem da vida, uma metáfora da sabedoria e um símbolo do inconsciente profundo. Trazer à mente imagens dessas paisagens naturais durante a meditação pode estreitar as relações espirituais.

SOM E MEDITAÇÃO

A principal forma de apreender o mundo em redor é usando a visão. Até aqui, abordamos os símbolos visuais e o uso da imaginação na meditação. A maioria das pessoas adapta-se facilmente a esse tipo de abordagem. Mas a audição também é crucial na meditação, e é importante aprender os diferentes efeitos que os sons podem provocar, ajudando na concentração.

Normalmente afirma-se que para meditar é necessário silêncio. De fato, isso é importante para aqueles que estão no início do aprendizado; porém, às vezes, um som ao fundo pode auxiliar tanto quanto o silêncio. Se ele parecer intrusivo durante os exercícios, repita para si próprio que o barulho o ajudará a entregar-se mais profundamente à meditação e a relaxar mais ainda. Tente transformar em algo positivo o que num primeiro momento lhe parece negativo.

SINFONIA DA NATUREZA

Muitas pessoas acham que as sinfonias da natureza – o barulho do mar, o som de água pingando, o roçar das folhagens, o canto dos pássaros, o chamado musical de golfinhos e baleias – têm um poder tranquilizador e ainda ajudam a entrar em estado meditativo profundo. Isso ocorre porque possuímos uma conexão íntima fundamental com a natureza. Uma sugestão é procurar identificar quais sons da natureza podem auxiliar na concentração. O som de ondas quebrando na praia é relaxante para uns, mas estressante ou assustador para outros. CDs ou fitas de áudio que reproduzem sons da natureza são fáceis de achar; experimente vários e use-os caso isso se mostre útil para obter maior concentração.

Na próxima caminhada, deixe que os ruídos da natureza preencham sua mente, dando atenção a cada som por vez. Lembre-se do sentido de conexão entre o mundo natural e a essência dos seres.

SONS REPETITIVOS E TRANSE

Muitos questionam se o uso de sons repetitivos durante a meditação pode induzir a um estado hipnótico semelhante ao transe. Isso só ocorre em casos de repetição exaustiva (em outras palavras, se o som for alto, dominante e perdurar por longos períodos) ou se o praticante for muito sensível e facilmente influenciável (conforme o caso, talvez seja melhor não meditar nesse momento e esperar sentir-se mais calmo em relação a si próprio). Em geral, o praticante deve manter pleno controle das experiências vividas na meditação e ser capaz de interrompê-la quando lhe convier.

CAIR NO SONO

O cansaço pode, para muitos, desaparecer durante a meditação; já outros, ao escutar sons suaves – como o da chuva –, sentem sono durante o exercício. Se isso acontecer, reserve os sons que provocam sonolência para quando for se deitar.

O PODER DOS MANTRAS

Segundo o pensamento oriental, tudo se compõe de energias vibrantes. Essas vibrações são como sons – no hinduísmo acredita-se que a criação do mundo começou com o som primal *Om*. Quando se canta na meditação, a emissão desses sons provoca vibrações no próprio corpo, provocando sensação de bem-estar. Um mantra é uma palavra ou frase que, segundo se crê, propicia poderes espirituais ao ser entoada. Diversos deles são usados há séculos, como o budista *om mani padme hum*. Esse mantra fala da joia da consciência no coração do lótus, e é uma forma de expressar a divindade existente na essência de cada ser humano.

Muitos acreditam que alguns mantras funcionam porque a mente é infinitamente sugestionável. De fato, as pessoas constantemente transmitem a si mesmas mensagens equivocadas, como "não consigo" ou "não vou" fazer algo. Por isso é importante escolher o mantra cuidadosamente, porque quando se canta durante a meditação alimenta-se o inconsciente com a mensagem contida nele.

Um mantra traz uma afirmação positiva ou, pelo menos, um lembrete de um objetivo a ser conquistado. Quaisquer palavras que possuam significados especiais para você podem ser usadas ou adaptadas para o canto – elas não precisam ser incompreensíveis ou esotéricas.

Tradicionalmente, o mestre de meditação passa um mantra ao discípulo – um bom professor é capaz de reconhecer o que é apropriado para o aluno em determinado momento. Se a opção for aprender a meditar sozinho, escolha sabiamente seu próprio mantra. Talvez uma frase de um texto ecoe de forma especial – ela pode ser utilizada; ou é possível que você sinta vontade de cantar por paz, humildade ou bondade. Mesmo uma simples palavra como "tranquilidade" pode ser entoada.

O exercício da página 93 mostra como meditar usando um mantra. Inicialmente, pode parecer esquisito entoá-lo, mas, com o tempo e a prática, ele se tornará parte preciosa da meditação, com efeitos positivos.

CANTE UM MANTRA

Este exercício ajuda a criar sensação de conforto em relação ao mantra escolhido. Primeiro, procure cantar por cerca de cinco minutos – mais que isso pode levá-lo a um efeito semelhante ao transe e você vai começar a perder a concentração.

1 Sente-se à vontade e feche os olhos. Concentre-se na respiração, que deve estar relaxada, regular e um pouco mais profunda que o normal.
2 Repita o mantra escolhido algumas vezes, mentalmente. Quando se sentir pronto, diga-o em voz alta (mantenha a voz suave, mas audível). Procure manter-se consciente do som das palavras – não se preocupe com o significado delas. Mantenha a respiração profunda e regular. Repita o mantra por cinco minutos.
3 Quando se sentir pronto, pare de entoar e volte a atenção para a respiração. Se sentir as vibrações ecoando no corpo, passe alguns minutos apenas aproveitando essa sensação.

Fale comigo de amor, de tesouros ainda
por descobrir, da paz que flui como um rio.
Fale-me de lugares tranquilos que nenhuma mão
desfigurou, nenhuma tempestade aterrorizou.
Dê-me visões de repouso sob o sol ou a sensação
da névoa tocando meu rosto enquanto me movo,
vivo e respiro... Ache-me um lugar ao sol
para me sentar e pensar e escutar a doce
voz interna que diz calmamente:
"Paz. Fique tranquilo!".

JOYCE SEQUICHIE HIFLER

QUANDO OS PÁSSAROS DA NOITE CANTAM (SÉCULO 20)

AFIRMAÇÕES

Pensamentos inconscientes podem ter efeito negativo, minando a capacidade de atingir objetivos. Usar afirmações na meditação é uma forma de combater e contra-atacar influências negativas. Escolha uma frase apropriada e use-a como mantra. Por exemplo, pode ser uma oração pragmática que ajude a vencer um medo, como prestar um exame ou ir ao dentista. Pode ser ainda uma sugestão genérica para o inconsciente (como nas frases abaixo). Procure afirmações tão específicas quanto possível. Assim, em vez de pensar: "Sou capaz de conquistar meu objetivo", defina que objetivo é esse.

"Sou feliz, saudável e cheio de energia."
"Dou boas-vindas à bondade, à honestidade e à paz em minha vida."
"Posso fazer ainda melhor do que tudo o que já fiz na vida."
"Não tenho medo de enfrentar meus medos."
"A vida é alegre e minha vida é um sucesso."

SINTONIZE

Música é um som cheio de significado, que possui estrutura, harmonia e ritmo. Pode ser um meio de expressar o inexprimível, de penetrar nas profundezas da natureza humana. O cérebro responde prontamente à linguagem musical e, como os sons da natureza (ver p. 87), pode ser o pano de fundo perfeito para buscar a concentração, criar um clima favorável e fazer associações positivas. A influência dos estilos musicais no inconsciente está bem documentada: por exemplo, trechos selecionados de Mozart são usados para estimular a criatividade ou aliviar o estresse – fenômeno conhecido como "efeito Mozart".

Escutar o compositor preferido pode revelar facetas das canções que ainda não tinham sido notadas. Músicas religiosas – do canto gregoriano e das estruturas matemáticas das músicas de Bach, na cultura ocidental, aos sinuosos hinos encontrados na música indiana clássica – podem trazer experiências espirituais iluminadoras.

Seja qual for a escolha, é importante distinguir a diferença entre meditar sobre a música e simplesmente relaxar com ela. Procure selecionar trechos de músicas e faça gravações próprias. Experimente misturar sons naturais. Uma possibilidade é usar músicas com uma afirmação (ver p. 96). Assim, é possível fortalecer a confiança de que os objetivos almejados serão alcançados. Meditar com a ajuda da música pode ser uma forma de exercitar a memória e a concentração. Ouvir música na meditação muitas vezes leva a um estágio meditativo profundo.

Uma tática que atores e cantores utilizam para se acalmar é fixar-se em apenas um aspecto de suas performances, deixando de lado outras preocupações. Concentrar-se em uma coisa só – nesse caso o som da música – e deixar que o resto se resolva... Funciona!

UM MOMENTO DE REFLEXÃO

Agora que as principais questões sobre a meditação estão postas, talvez seja necessário reiterar alguns aspectos. O primeiro lembrete é tornar-se grande observador de si mesmo, o que inclui tudo o que passa pelo corpo e pela mente. Embora pareça que separamos o observador do observado, é crucial perceber que qualquer separação aparente é simplesmente parte do processo – inicialmente focamos de modo independente às experiências físicas e mentais e depois as combinamos. Observador e observado são a mesma coisa – um não existe sem o outro. Esse é o verdadeiro sentido da palavra "atenção plena" (ver pp. 46-7). Quando a mente está plenamente tranquila, tomamos consciência do sentimento de unidade.

Praticantes de meditação costumam passar horas intermináveis em busca do sentimento de unidade. Mas outro ponto essencial a levar em conta é que seria um equívoco ir assinalando em uma lista os benefícios da meditação que foram alcançados, como se fossem eles mesmos os objetivos.

Os benefícios devem vir naturalmente. No zen, aprende-se que uma das formas de atingir um objetivo é justamente tirá-lo da mira. A mensagem aqui é: pratique sem expectativas de sucesso. Na meditação é necessário manter-se relaxado e com o espírito aberto; se a prática se der nesses parâmetros, os objetivos serão atingidos. A meditação torna-se um fim em si, e não algo que se faz com segundas intenções. Quando isso acontece, colhem-se os melhores resultados dessa prática em termos físicos, mentais e espirituais.

Finalmente, outro fator importante durante o aprendizado é a noção do momento certo para fazer algo: uma questão de paciência e consciência. Não se force a nada, nem medite em ocasiões inapropriadas, como quando estiver envolvido com muitos compromissos, sem tempo para si próprio. Reduza o esforço, deixando que a vida siga o ritmo natural.

Capítulo 4

você e o além

A meditação é um caminho para a felicidade, o contentamento e a iluminação. Mas para chegar a esse ponto é necessário reconhecer a dimensão espiritual que existe dentro de nós, incorporando-a ao cotidiano – se negarmos esse aspecto, a vida ficará sem sentido. Aprendemos a criar um inventário espiritual com a meditação, desenvolvendo a sensação de pertencimento em vez da de alienação, o senso de que há um propósito em lugar da falta de objetivos, padrão e não caos, liberdade e não aprisionamento.

A meditação traz a consciência dessas possibilidades, e faz isso por meio de um paradoxo: para atingir algo, às vezes devemos fazer exatamente o oposto – por exemplo, para relaxar um músculo, deve-se tensioná-lo primeiro. As técnicas de meditação estão repletas de aparentes paradoxos – exemplificados pelos *koans* zen (ver pp. 104-5) –, que buscam romper com a visão dualista e polarizada do mundo. Em compensação, aprende-se a não pensar sempre em termos de "e/ou", mas de "ambos": dimensões espirituais e materiais, internas e externas, corpo e mente. Ao desfazer essas falsas oposições, a meditação fornece os meios pelos quais é possível alcançar o crescimento espiritual que torna a vida sagrada e plena de sentido.

O PARADOXO DO KOAN

O *koan* é um dos métodos principais na escola Rinzai do zen-budismo. É usado para treinar a mente a obter iluminação. O *koan* consiste em uma charada que à primeira vista parece não ter resposta, ou em uma questão ou afirmação paradoxal e sem sentido. O mais famoso deles é: "Qual é o som de bater palma com uma só mão?". Professores de zen usam esse método para incentivar os alunos a romper com os padrões normais de raciocínio.

O significado do *koan* não reside em obter uma solução para o enigma proposto, mas em ocupar-se da tentativa de resposta ao impasse intelectual que surge na mente. Essa maneira de ver as coisas pode servir de referência no cotidiano. Um objetivo da meditação é a conciliação entre opostos – e isso é precisamente o que o *koan* zen procura atingir. As charadas indicam a união dos opostos, e, mesmo que um dos objetivos iniciais seja romper com as formas tradicionais de pensamento, o princípio é trazer o sentimento de totalidade.

O *koan*, como outras práticas de meditação, leva ao

esclarecimento, ou a algo próximo disso. No processo, pode parecer que parte da realidade se abriu para revelar algo profundo e miraculoso. Mas, de acordo com o zen, junto vem o perigo. O mestre deve conduzir o discípulo para fora dessa experiência trazendo o miraculoso (chamado de *makyo*) de volta à prática da meditação e sugerindo que o milagre da vida está "lavando a louça e colocando o lixo para fora" – o milagre está não em andar sobre a água, mas em ser capaz de andar.

Na meditação, devem-se manter os pés no chão. Não importa quão maravilhosas possam ser as experiências e percepções, a vida se mantém inalterada. O *koan* zen é um instrumento poderoso, mas a rigor são apenas palavras – nada mais, nada menos.

QUEM SOU EU?

Amenizar as pressões do mundo moderno, "nos encontrarmos", tentar descobrir nossa verdadeira identidade, tudo isso se tornou um objetivo importante. A meditação pode nos levar a fazer questionamentos sobre a vida, como: "Quem sou eu?". Essa simples pergunta dá vazão a inúmeras outras: "Qual é meu propósito?", "Como me encaixo nesse esquema maior?", "Sou livre?", "Para onde vou?". Essas questões são como *koans* (ver pp. 104-5): não têm respostas simples e precisas, mas o simples fato de colocá-las abre possibilidades antes inexistentes, levando-nos da ignorância para a percepção, a compreensão e o esclarecimento. Ao meditar, não nos transformamos, de repente, em um novo indivíduo – pelo contrário, a pessoa que já somos, nossa verdadeira identidade, vai se tornar cada vez mais clara.

A cultura ocidental enfatiza os aspectos individuais, a separação entre uns e outros – o que pode ter efeito profundamente alienante nas pessoas. Os seres humanos possuem uma existência espiritual, física, intelectual e emocional. Somos o passado, o presente e o futuro. A psique humana é formada com base na memória e em experiências vividas, nas coisas que aprendemos e também nas que esquecemos. Entretanto, em nós está contido muito mais do que a individualidade: pertencemos à raça humana, à história, à civilização e ao processo da evolução.

Somos, portanto, indivíduos, mas com identidade coletiva também. É esse fator comum que a meditação pretende trazer para a vida das pessoas, porque nele está a fonte de energia vital (em algumas tradições chamada de *ki* ou prana). Ao entrar em contato com essa energia, tenha em mente a busca de um lugar nessa tradição universal. A meditação nos torna conscientes de que fazemos parte de uma totalidade e nos oferece orientação espiritual para extrair autoconhecimento e força interior desse sentimento de comunhão.

DEIXE O PASSADO PARA TRÁS

Livrar-se de angústias do passado permite o aprendizado, o crescimento e a mudança. Este exercício ajudará você a seguir em frente na vida.

1 Sente-se confortavelmente. Imagine-se sozinho em um templo antigo e sagrado. Evoque as memórias mais remotas que possa recordar. Medite sobre essas lembranças e repita: "Libero meu passado, estou pronto para seguir adiante".

2 Agora deixe as memórias de momentos importantes de mudança virem à mente. Concentre-se nelas uma por uma e diga: "Libero meu passado, estou pronto para seguir adiante".

3 Diga a si próprio que o local sagrado em que imagina estar representa o passado. É um lugar especial, que pode ser visitado sempre que lhe convier. Repita mais uma vez: "Libero meu passado, estou pronto para seguir adiante". Para finalizar a meditação, permita que a imagem do templo desapareça da mente bem devagar.

O Eu é onisciente, compreende tudo,
e sua glória se manifesta no universo.
É a consciência pura habitando
o coração de tudo, na cidade divina de Brahma.
Não há espaço que ele não preencha,
Está firmado no fundo da mente,
é o silêncio, a força vital que guia
os corpos e os sentidos.
O sábio obtém glória e imortalidade
ao ater-se a esse Eu, irradiando luz sobre tudo.

UPANIXADE MUNDAKA (C. 800-C. 300 A.C.)

DESCUBRA SUA VERDADEIRA NATUREZA

A palavra sânscrita *buddha* significava "consciência" ou "voltar a si". Posteriormente, atribuiu-se a ela o significado de "consciência espiritual". Os budistas falam constantemente da "natureza búdica", tida como a verdadeira essência do ser humano. Os ensinamentos de Buda estão claramente expressos na filosofia das "Quatro Nobres Verdades", que forma a base do budismo. Nessa corrente, faz-se um diagnóstico da condição humana e um tratamento é estabelecido. A finalidade é alcançar o chamado nirvana. A história da vida de Buda mostra que foi por meio da filosofia das "Quatro Nobres Verdades" que ele chegou à iluminação. Apenas ao nos tornarmos conscientes dessas verdades universais conseguiremos nos entender como indivíduos.

A Primeira Verdade é que viver envolve sofrimentos que aparecem na forma de doenças, envelhecimento e morte; a Segunda afirma que o sofrimento é decorrente do desejo; a Terceira é que, ao eliminar o desejo, eliminamos o sofrimento; por fim, a Quarta oferece o meio pelo qual é possível livrar-se do sofrimento: é o chamado "Caminho Óctuplo", que consiste em oito maneiras de acabar com o sofrimento. Aí estão representados os principais elementos do budismo – conduta moral, concentração e sabedoria.

O sofrimento pode surgir da nossa insistência no individualismo, o que afeta tudo o que fazemos e vemos: crenças, ideais, moral e objetivos, além da atitude diante da vida e da morte. Para a filosofia budista, o ser humano está aprisionado em um mundo de sonhos, porque se recusa a aceitar a realidade das verdades universais. Não somos isolados, mas nos inserimos em uma totalidade, de onde nascemos e para onde voltaremos ao morrer. A vida na terra é um breve momento dentro da totalidade da verdadeira existência.

A meditação permite experimentar a profundidade infinita em nós próprios e nossa conexão com o mundo. Pela meditação percebemos o mundo como ele é, e nada muda com isso, tudo permanece igual – com exceção da atitude que passamos a ter diante da vida.

ACEITE AS MUDANÇAS

Mudar significa deixar o velho para trás e aceitar o novo: concentre-se nessa ideia ao fazer este exercício, que o ajudará a aceitar as mudanças que surgem na vida.

1 Sente-se à vontade e feche os olhos. Medite com a mente aberta sobre seus sentimentos em relação a mudanças. Sinta-se pronto para aceitar qualquer ideia ou imagem que surja.

2 Deixe que sentimentos e pensamentos circulem livremente, em resposta à atitude de estar aberto a mudanças. Mesmo que sejam sentimentos indesejáveis, procure não os julgar – concentre-se apenas em tomar consciência deles. Aceite-os e deixe-os passar pela mente sem obstáculos.

3 Quando se sentir pronto, permita que os sentimentos o abandonem lentamente, deixando-o em estado de alerta profundo, capaz de reagir positivamente ao que o futuro vai lhe trazer.

SIGA COM A CORRENTE

As mudanças ocorrem em nossa vida o tempo todo. A filosofia taoísta acredita que é possível ganhar força e conhecimento ao aceitar que o universo está em fluxo constante e que há uma circulação natural da vida. Segundo o taoísmo, pela meditação se consegue descobrir o sentido em que a corrente flui e mover-se com ela. Não se deve perder tempo e energia tentando ir contra essa corrente. Algumas vezes esse fluxo nos leva a não fazer nada, outras a agir, outras a mudar, outras ainda a deixar tudo igual. Essa é a essência do tao.

A INTERCONECTIVIDADE ENTRE TODAS AS COISAS

No Ocidente, ensina-se as crianças a observar o universo "objetivamente" – a polaridade entre observador e observado é a condição básica de uma cultura assentada na materialidade e em princípios científicos. Essa visão de mundo gera um sentimento de separação e até mesmo de isolamento.

Em contraposição, muitas filosofias orientais afirmam que todos estão profundamente conectados ao mundo exterior – os temas de unidade, totalidade e interconectividade são comuns na meditação. Corpo e mente, consciente e inconsciente, exterior e interior estão envolvidos em uma relação simbiótica que afeta a maneira como o mundo é percebido. Não raro, pessoas que praticam meditação passam a notar notáveis coincidências em sua vida, como se aspectos cotidianos ganhassem novos significados, ocorrendo na hora certa e no lugar certo – nada ocorre por acaso.

A MEDITAÇÃO DO AMOR E DA BONDADE

A capacidade de amar e perdoar são dons presentes em todos nós. Este exercício visa a expressar externamente aquilo que vivemos internamente.

1 Sente-se à vontade, na posição que preferir. Pense em algo ruim que lhe tenham feito recentemente. Procure não se demorar nos sentimentos que isso desperta em você, apenas relembre o incidente.

2 Lembre-se também de ações negativas cometidas por você – de novo, procure não focalizar os sentimentos, apenas recorde e deixe a lembrança ir embora.

3 Agora, concentre-se na interconectividade entre todas as coisas. Diga em voz alta ou apenas mentalmente: "Eu perdoo a mim mesmo e aos outros". Prometa a si próprio que todos os sentimentos de mágoa e raiva que poderão surgir serão transformados em compreensão e bondade para consigo mesmo e para com os outros.

COMPLETE O CÍRCULO

Terminaremos nossa jornada pela meditação exatamente por onde começamos: definindo o que é meditação e o que não é. Meditar é "ser", e não "fazer". É possível criar as condições ideais para os exercícios – espaço reservado, boa postura –, mas isso não é suficiente. A meditação não começa assim que se fecham os olhos e tampouco termina quando eles se abrem. É uma atitude mental que envolve autorreflexão e deve ser levada para todos os aspectos da vida. As técnicas foram desenvolvidas ao longo de muitos anos. Se um professor de meditação – ou mesmo um livro como este – propuser um exercício que num primeiro momento pareça confuso, não desanime; siga em frente – o significado da meditação ficará claro a qualquer momento.

Acima de tudo, mantenha-se sensível às suas necessidades, procure desenvolver um senso de responsabilidade consigo mesmo e com os outros, seja humilde diante da riqueza dos mundos interiores e respeitoso quanto às tradições que nos oferecem os meios para chegar à iluminação. Siga as orientações e sua verdadeira natureza lhe será revelada.

Eu quero lhe implorar...
seja paciente com tudo
aquilo que não está resolvido em seu coração
e procure amar até mesmo os questionamentos
como se fossem salas fechadas
ou como livros escritos
em línguas estrangeiras.

Não procure respostas
que não lhe podem ser dadas,
pois você não seria
capaz de vivê-las,
e a questão é justamente viver tudo.

Viva os questionamentos agora.
Talvez, gradualmente, em um dia distante,
sem que você note,
a pergunta evolua para uma resposta.

RAINER MARIA RILKE

CARTAS A UM JOVEM POETA (SÉCULO 20)

ÍNDICE

ÍNDICE

CRÉDITOS E AGRADECIMENTOS

Os editores agradecem às seguintes pessoas, museus e bibliotecas pela permissão para reproduzir seu material. Foram tomados todos os cuidados para localizar os proprietários dos direitos autorais. No entanto, caso tenha havido qualquer omissão, pedimos desculpas e, se formos informados, faremos as correções nas futuras edições.

Créditos das fotos

Página 1 Photonica/Masao Ota; **2** Corbis/Philadelphia Museum of Art; **3** Corbis/Kevin R. Morris; **13** Corbis/Paul A. Souders; **18** Stone/Getty Images; **21** Photonica/William Huber; **23** Stone/Getty Images; **24** National Geographic Society Image Collection; **28** Photonica/Yukari Ochai; **31** Photonica/Ann Giordano; **34** National Geographic Society Image Collection; **37** DBP Archives; **38** Stone/Getty Images; **41** Bruce Coleman Collection; **48** Photonica/Knauer/Johnston; **51** Stone/Getty Images; **55** Stone/Getty Images; **58** Bruce Coleman Collection; **61** Corbis/CRD Photo; **63** Photonica/Neo Vision; **64** National Geographic Society Image Collection; **67** FPG/Getty Images; **71** Photonica/Ann Cutting; **72** The Art Archive; **74** Stone/Getty Images; **77** Charles Walker Collection; **78** The Art Archive; **81** The Photographer's Library; **82** Photonica/Miyoko Komine; **84** Stone/Getty Images; **89** Stone/Getty Images; **92** Corbis/Charles & Josette Lenars; **95** Bruce Coleman Collection; **97** Photonica/Chikara Amono; **108** Panos Pictures/Roderick Johnson; **111** Stone/Getty Images; **114** Photonica/Masao Ota; **117** Stone/Getty Images; **119** Photonica/Yoshini Tanaka; **120** Stone/Getty Images; **123** Yukki Yaura; **125** Photonica/Qwert Yui

Créditos das citações

p. 36 Trecho de *Buddha's Nature*, de Wes Niker, publicado por Rider, Londres. Reproduzido com autorização de The Random House Group Limited.
p. 60 Trecho de *The Heart of the Buddha's Teachings*, de Thich Nhat Hanh, publicado por Rider, Londres. Reproduzido com autorização de The Random House Group Limited.
p. 66 *The Art of Peace*, de Morihei Ueshiba, traduzido para o inglês por John Stevens. © 1992 John Stevens. Reproduzido mediante acordo com Shambhala Publications, Inc., Boston, www.shambhala.com.
p. 94 Trecho de *When the Night Bird Sings*, de Joyce Hifler, © Council Oak Books, Tulsa, 2000.
p. 124 Extraído de *Letters to a Young Poet*, de Rainer Maria Rilke, © 2000. Reproduzido com autorização de New World Library, Novato, CA 94949, www.newworldlibrary.com

Agradecimento do autor

Agradeço à equipe da DBP, por ter criado comigo um livro que muito me orgulha!

Bill Anderton dirige o Pilgrims Mind Body Spirit Centre, em Gloucester, Reino Unido, e é autor da fita de meditação "Crystal Clear". Para mais informações, visite o *site* www.pilgrimsmindbodyspirit.co.uk.